# En bonne santé et en forme grâce à l'autophagie

*Comment renforcer votre santé, perdre de la graisse corporelle, prévenir les maladies et paraître plus jeune grâce à l'autophagie*

Sébastien Thiele

# CONTENU

# Ce qui vous attend dans ce livre

A quoi vous fait penser le mot recyclage ? Vous pensez certainement tout de suite à quelques éléments liés à la protection de la nature, à la réutilisation des matières premières non dégradables ou aux déchets et au recyclage des déchets. Vous avez peut-être envie d'arrêter là votre lecture, car vous ne voulez pas recevoir de leçons supplémentaires sur la protection du climat et la durabilité, comme c'est déjà le cas actuellement dans les médias. Mais saviez-vous que notre corps dispose lui aussi de millions de petits "sites de recyclage" ? Bien sûr, tout cela peut paraître très invraisemblable au premier abord, mais plus vous lirez ce livre - et cela en vaut vraiment la peine - plus vous serez impressionné et plus vous comprendrez à quel point notre corps est un chef-d'œuvre et combien vous avez encore à apprendre de lui et sur lui.

Comme vous n'avez probablement pas tous le même niveau de connaissances, vous pouvez commencer par lire les premières pages du livre pour en savoir plus sur le processus métabolique de l'organisme dans les cellules et sur le contexte biologique, avant d'entrer dans le vif du sujet - le processus de recyclage des cellules, également appelé autophagie. Mais pour éviter que vous ne vous arrêtiez de lire ce livre parce que vous en aviez assez des cellules à l'école et que vous ne compreniez rien, voici un avertissement :

Vous ne devez pas avoir peur des processus chimiques et biologiques compliqués ou d'un jargon compliqué avec des phrases incroyablement imbriquées. Prévoyant que ces petites cellules, qui déterminent votre vie entière de manière incroyable, ne sont pas si faciles à comprendre, le livre vous guide lentement et progressivement vers le sujet et, après une partie théorique facilement compréhensible pour les non-initiés, vous pouvez en apprendre encore plus sur l'utilité pratique de l'autophagie en médecine et même devenir vous-même actif et faire quelque chose pour votre propre santé. Alors, qu'attendez-vous pour vous lancer ? Commencez à apprendre comment vous pouvez agir dès maintenant contre la démence, le cancer et la vieillesse.

# La cellule - Le plus petit multiple commun

## UNE BRÈVE DESCRIPTION

Avant de commencer, vous vous demandez peut-être encore ce qu'est exactement une cellule. Vous vous souvenez peut-être même de vos cours de biologie à l'école et de la phrase que vous aimiez répéter : "Les mitochondries sont les centrales électriques des cellules". Mais c'est à partir de là que les choses se compliquent. Le noyau cellulaire, le réticulum endoplasmique, l'appareil de Golgi et bien d'autres choses encore ne vous sont probablement pas venues spontanément à l'esprit, bien que sans tous ces petits éléments, vous ne seriez pas en mesure de tenir ce livre en main, de le lire et encore moins de le vivre. Pour vous rafraîchir un peu la mémoire et peut-être compléter l'une ou l'autre chose, vous trouverez dans les pages suivantes quelques explications supplémentaires à ce sujet. Mais pour éviter que cela ne devienne trop complexe dès le début, vous pouvez aussi comparer la cellule à une grande usine, ce qui vous permettra peut-être de mieux vous représenter de manière imagée comment et ce qui se passe dans la cellule.

Dans une cellule, il y a de nombreux organites cellulaires individuels qui ont tous une tâche différente. Dans votre usine, les organelles correspondraient à des départements individuels qui, par leur travail, assurent tous le fonctionnement de l'usine dans son ensemble. L'organite cellulaire le plus important est le **noyau**, dans lequel l'ADN est stocké et copié. Ces copies sont ensuite soit converties en acides aminés et en protéines pour créer des organites cellulaires ou des informations, et restent à l'intérieur de la cellule, soit sont utilisées pour la duplication cellulaire. Pour votre usine, le noyau cellulaire serait un peu comme le **bureau du patron**, qui disposerait des instructions de toutes les étapes de travail et des informations importantes pour les différents services. Il peut soit copier une partie de ces instructions et informations pour les distribuer aux postes de travail au sein de l'usine, soit utiliser la totalité de la copie pour construire une nouvelle deuxième usine. En effet, s'il n'y a pas d'instructions pour toutes les étapes de base, il n'est pas possible de travailler.

Les **mitochondries**, les "centrales électriques des cellules" mentionnées précédemment, sont également très importantes pour la cellule. Celles-ci fournissent à la cellule suffisamment d'énergie pour qu'elle puisse mener à bien toutes ses tâches. Dans votre usine, les mitochondries pourraient être les en-cas et les paniers-repas des employés ou l'énergie des machines sous forme d'électricité.

**Le réticulum endoplasmique**, qui produit des protéines et les transmet à l'**appareil de Golgi pour qu'**elles soient soit libérées de la cellule, soit intégrées dans la cellule elle-même, devient également important. Les deux organites sont donc presque comme un petit bureau de poste qui transmet les produits développés dans l'usine à d'autres usines qui en ont besoin ou qui les distribuent dans leur propre usine pour soutenir des services ou effectuer d'autres opérations.

Pour ce qui est de l'autophagie, il ne faut pas oublier les **lysosomes**, qui dégradent les substances inutiles afin que les matières premières ainsi obtenues puissent ensuite être réutilisées. Les lysosomes ne se contentent pas de dégrader des substances propres à la cellule, ils peuvent également absorber des substances de l'environnement et les "recycler" ou, s'il s'agit de substances toxiques ou d'agresseurs tels que des bactéries ou des virus, les détruire et les décomposer en leurs éléments. Dans votre usine, un tel système serait certainement avantageux, car il vous éviterait de devoir tout acheter à nouveau, vous permettrait d'économiser des matières premières et de l'argent et protégerait même votre usine contre les agresseurs et les pirates informatiques.

En résumé, retenez que le noyau cellulaire fournit les informations, les mitochondries apportent l'énergie, le réticulum endoplasmique et l'appareil de Golgi servent ensemble de poste et distribuent les produits et les informations du noyau cellulaire dans la cellule ou vers l'extérieur et les lysosomes sont les "écolos" qui ne veulent pas jeter de matière première sans avoir vérifié qu'elle n'est plus utilisable. Tous les organites sont étroitement liés entre eux et dès qu'une partie ne fonctionne plus et ne peut pas être réparée, c'est toute la cellule qui est détruite.

Mais attendez, avant de poursuivre votre lecture, vous devez connaître une partie très importante des cellules, qui est à la base de tous les processus métaboliques, car sans une **paroi cellulaire** qui isole la cellule de son environnement, tout cela ne serait pas possible. Dans votre usine, vous avez également besoin de quelques murs, portes et fenêtres pour que n'importe qui ne puisse pas entrer dans l'usine et prendre ce dont il a besoin. Vous devez également protéger votre usine contre les influences environnementales telles que la pluie, la neige, la chaleur ou même une tempête ou une inondation. Et vous ne voulez certainement pas que vos produits se répandent de manière incontrôlée dans la région et que vous finissiez par ne plus rien trouver. C'est exactement la même chose pour les cellules, car elles ne veulent pas non plus qu'on leur vole quelque chose, qu'elles soient endommagées par les circonstances environnantes ou que les produits cellulaires qu'elles ont si difficilement fabriqués se dispersent sans avoir de fonction. Ainsi, chaque cellule a développé un petit mur qui la protège de toutes ces choses. Par exemple, si la région cellulaire est inondée de nutriments, la cellule peut s'en protéger et décider elle-même, via des canaux dans son mur, de la quantité qu'elle veut laisser passer ou non. Cela concerne également le transport hors de la cellule, car les cellules peuvent également produire des choses dont elles n'ont pas besoin, mais qui sont seulement nécessaires dans d'autres domaines. Si la cellule veut alors libérer quelque chose à l'extérieur, elle peut ouvrir ses canaux et exporter les substances souhaitées.

Vous pouvez vous représenter tout cela comme un organisme géant divisé en de très nombreuses petites unités. Si l'organisme met des substances à disposition, chaque unité peut décider pour elle-même si elle a besoin de cette substance ou non. Et si l'organisme se rend compte qu'il manque quelque chose à une partie de lui-même, il peut même en informer d'autres parties et demander aux unités de se soutenir mutuellement. N'est-ce pas incroyable tout ce que ces petites cellules peuvent faire ? Ne serait-ce pas un exemple dont l'économie mondiale pourrait s'inspirer ?

# LE DHL DES CELLULES

Maintenant que vous en savez un peu plus sur les cellules et que vous avez rafraîchi vos connaissances, vous pouvez entrer dans le vif du sujet et vous intéresser au métabolisme et au transport dans la cellule. Comme vous pouvez l'imaginer, la cellule ne peut pas fabriquer elle-même tous les produits dont elle a besoin, mais doit également absorber des choses de l'environnement et les intégrer dans la cellule. Après tout, une usine ne fonctionne pas sans un échange constant avec l'environnement sous la forme d'importations et d'exportations. De nouvelles matières premières sont constamment livrées et des produits finis expédiés. Et c'est exactement ce qui se passe dans la cellule. Il existe de nombreux types de transport différents, que nous vous invitons à découvrir ci-dessous.

Commençons par l'absorption dans la cellule, l'**endocytose**, qui peut encore être divisée en pinocytose et phagocytose. Ces termes vous paraissent probablement très complexes au début et vous vous demandez comment comprendre tout cela. Mais ne vous inquiétez pas, c'est plus simple qu'il n'y paraît et il vous suffit d'un bref aperçu des différents types de transport. En fait, la différence entre les deux modes d'absorption réside uniquement dans le type de substance absorbée. La pinocytose concerne les produits solubles, tandis que la phagocytose implique l'ingestion de particules entières, de bactéries, de corps étrangers et d'autres éléments similaires plus gros. Comme petit moyen mnémotechnique, vous pouvez également vous rappeler que la pinocytose est le mot le plus court et que les produits absorbés sont donc plus petits. La phagocytose, en revanche, est le mot le plus long et les particules plus grosses sont absorbées en bloc. Et l'endocytose en général signifie toujours que quelque chose est transporté à l'intérieur des cellules.

Une autre possibilité de transport est la **transcytose,** qui se contente de transporter des substances à travers une cellule sans les délivrer à la cellule concernée. La substance est donc absorbée d'un côté et libérée du côté opposé. À ce moment-là, vous pouvez comparer la cellule à un petit obstacle et, comme il serait plus compliqué et peut-être même impossible de contourner cet obstacle en raison des cellules adjacentes, la substance passe simplement à travers. N'est-ce pas étonnant ce que la cellule peut faire ?

Le dernier transport important est l'**exocytose,** par laquelle les substances produites dans la cellule et utilisées ailleurs dans le corps sont expulsées. Dans votre entreprise, il s'agirait de l'exportation de produits finis ou de produits qui sont encore transformés dans d'autres usines.

Vous remarquerez donc que dans le transport des cellules, on peut distinguer l'endocytose, la transcytose et l'exocytose, l'endocytose pouvant encore être divisée en pinocytose et phagocytose. Tout n'est donc pas aussi compliqué qu'il n'y paraît à première vue. Mais quel est le rapport entre tout ce transport et les nombreux centres de recyclage dont vous avez entendu parler plus tôt ? Vous trouverez la réponse à cette question légitime dans les prochains chapitres très intéressants et surprenants.

# Recyclage en mini

## LA QUÊTE D'INDÉPENDANCE

Enfant, et maintenant adulte, vous avez certainement souvent pensé que vous vouliez accomplir toutes vos tâches seul et, de préférence, tout faire parfaitement et sans aide. Vous vouliez être autonome et prouver à votre entourage que vous étiez suffisamment fort et capable de surmonter tous les obstacles seul. Et honnêtement, il y a de nombreux avantages à faire les choses seul et à ne pas dépendre des autres et de l'aide. Et c'est précisément à cette indépendance que vos cellules aspirent. La dépendance aux autres rend les cellules vulnérables et instables, car dès qu'une source importante disparaît, l'organisme entier cesse de fonctionner. De plus, comme pour votre usine, tout ce transport, dont vous avez tant entendu parler tout à l'heure, ne se fait pas sans pertes. Non seulement les cargaisons peuvent être endommagées pendant le transport, mais cela prend du temps et coûte des matières premières et de l'énergie. Les produits doivent être emballés de manière appropriée, ils doivent être transportés et ne serait-il pas beaucoup plus agréable que tout puisse avoir lieu dans la cellule et que les cellules - comme vous l'avez également souhaité - soient indépendantes ?

Et c'est précisément ce que la nature a fait en répondant au souhait des cellules, en donnant à chacune d'entre elles son propre système de recyclage afin qu'elle puisse réutiliser les produits dont elle n'a plus besoin, créant ainsi un cycle dans lequel les autres cellules et leurs produits ne jouent tout d'abord aucun rôle.

# AUTOPHAGIE - L'AUTODESTRUC-TION

Le scientifique japonais Yoshinori Ösumi a même reçu un prix Nobel pour sa découverte du processus d'autophagie, qui, traduit par auto-décomposition, peut paraître très effrayant. Peu de scientifiques se sont intéressés à ce sujet lorsqu'il a commencé ses recherches au début des années 1990, et Yoshinori Ösumi a donc eu le champ libre pour découvrir tout ce que vous allez découvrir dans les prochaines minutes.

Derrière le mot peu compréhensible d'autophagie se cache un processus intracellulaire par lequel les produits propres à la cellule, soit défectueux soit inutiles, sont dégradés. Cela permet à la cellule d'utiliser toutes ses ressources de manière optimale et de ne rien gaspiller, car les cellules ne peuvent en aucun cas se le permettre. Grâce à un processus extrêmement complexe, ces déchets sont emballés dans ce que l'on appelle des autophagosomes, qui fusionnent ensuite avec des lysosomes et deviennent des autolysosomes.

Mais avant d'aller trop loin, le point le plus important à retenir est que les autolysosomes maintiennent un équilibre entre la dégradation des anciens produits cellulaires et la production de nouveaux. Cela permet aux cellules de se rajeunir en permanence, en décomposant simplement les composants anciens et usés en pièces détachées, puis en les réassemblant à nouveau. Ne serait-il pas bon que l'homme soit capable de faire la même chose ? Pas de rides gênantes avec l'âge, pas de douleurs articulaires, pas d'autres maladies liées à l'âge, mais une jeunesse éternelle. Vous en avez certainement déjà rêvé à un moment ou à un autre. Et vous verrez que si une autophagie plus active ne vous permet pas de rester éternellement jeune, elle vous apporte en revanche de nombreux autres avantages en soutenant et en activant davantage le système de recyclage de votre corps.

En temps normal, l'autophagie est toujours active dans les cellules et se déroule en arrière-plan. Cependant, en cas de situation extrême, comme par exemple une lésion cellulaire extrême, la cellule peut même déclencher une apoptose ou une mort cellulaire autophagique. Elle s'autodétruit donc et cède ses ressources aux cellules environnantes. Ce qui peut sembler être un programme suicidaire assez radical est en fait une invention géniale pour assurer la survie de tout un organisme. Et cela profite même à votre système immunitaire, car l'autophagie permet également de neutraliser les agents pathogènes tels que les virus et les bactéries. Les cellules peuvent ainsi empêcher les virus ou les bactéries qui ont pénétré dans l'organisme de se propager.

Malheureusement, l'autophagie finit par atteindre ses limites et les cellules ne peuvent plus l'utiliser comme elles le souhaiteraient. Avec l'âge, ce processus diminue progressivement, ce qui entraîne l'accumulation de déchets intracellulaires dans les cellules, qui ne peuvent plus être recyclés, ou seulement lentement. Si l'autophagie est inhibée, il en résulte un désastre cellulaire, car de nombreuses maladies sont dues à une capacité réduite d'autophagie, car c'est ainsi que se développent des maladies telles que le diabète, la maladie d'Alzheimer ou la maladie de Parkinson, et que les tumeurs et les maladies infectieuses ont également la partie facile à cause d'une telle défaillance.

Vous pouvez observer un cycle que vous connaissez peut-être déjà dans votre propre appartement. Il suffit que vous laissiez quelque chose de côté et que vous refouliez le rangement et le nettoyage pendant quelques jours pour que vous vous retrouviez une semaine plus tard dans un appartement où les choses traînent dans tous les coins et attirent littéralement le désordre. Il en va de même - ou presque - dans vos cellules. Dès que les premiers déchets s'accumulent et ne peuvent plus être éliminés aussi rapidement, tout l'équilibre est rompu et de plus en plus de déchets s'accumulent dans les cellules et de moins en moins peuvent être éliminés.

Mais vous pouvez vous estimer chanceux, car les recherches de Yoshinori Ōsumi ont déclenché un petit cercle qui semble s'élargir : la recherche de moyens pour maintenir l'autophagie à un niveau élevé jusqu'à la vieillesse. Mais avant de vous précipiter, plein d'énergie et avec l'espoir de retarder le plus possible le processus de vieillissement de vos cellules, pour intégrer les possibilités déjà explorées dans votre vie quotidienne, vous en apprendrez davantage dans le prochain chapitre sur la possibilité de faire des progrès médicaux importants dans le traitement de certaines maladies grâce à cette découverte.

# Le grand désir de guérison

## DÉMENCE

La démence est une maladic qui touche principalement les personnes âgées et qui se manifeste par des oublis, une désorientation et des difficultés à accomplir les tâches quotidiennes. Après de longues recherches, les scientifiques et les médecins ont découvert que la maladie est souvent due à un manque d'approvisionnement du cerveau, provoqué par un problème de circulation sanguine. Des protéines toxiques s'agglutinent alors et provoquent un rétrécissement des vaisseaux, ce qui fait que seule une partie des nutriments nécessaires parvient au cerveau. Mais en même temps que la recherche sur l'autophagie, on a peut-être trouvé un moyen d'empêcher l'apparition de la démence, car ce système de recyclage peut aider les cellules cérébrales à se nettoyer et à détruire les protéines toxiques. Il n'y a donc pas d'agglutination en premier lieu, ce qui élimine au moins cette cause de maladie. Si vous stimulez le métabolisme et l'autophagie de vos cellules, vous pouvez essayer de prévenir la démence à un stade précoce.

Malheureusement, la recherche dans ce domaine n'en est qu'à ses débuts et beaucoup de choses restent encore à découvrir. Cependant, les scientifiques s'accordent déjà à dire qu'une autophagie accrue entraîne un risque moindre de développer une démence et peut également être utilisée comme thérapie dans le cas d'une maladie déjà présente, afin de ralentir sa progression.

## CANCER

Depuis la découverte et la compréhension de l'autophagie, les cancérologues sont convaincus de l'importance de cette propriété cellulaire dans la compréhension des tumeurs, car pour guérir le cancer et les tumeurs, il faut d'abord comprendre le processus de formation, qui est resté longtemps incompris et qui n'est toujours pas totalement élucidé. Cependant, grâce à une expérience en laboratoire sur des souris dont les cellules n'étaient pas capables d'autophagie normale, les médecins et les scientifiques ont déjà découvert que l'absence de cette capacité entraînait en fait l'apparition beaucoup plus fréquente et spontanée de tumeurs.

Malheureusement, ce n'est pas si simple, car le problème est que l'autophagie dysfonctionnelle peut également contribuer au cancer et aider les tumeurs à se développer. Par autophagie dysfonctionnelle, on entend que la fonction initiale de nettoyage des cellules et de recyclage des déchets a été transformée. Les cellules cancéreuses concernées se sont installées dans le fauteuil du chef et envoient des signaux aux lysosomes, qui sont responsables de l'autophagie, pour leur indiquer ce qu'ils doivent faire. Il est ainsi possible que les cellules cancéreuses fabriquent, à partir des substances recyclées, des produits qui leur sont utiles et qui contribuent à leur prolifération. Cela leur permet même de lutter contre la chimiothérapie en dégradant la toxine introduite dans les cellules et en créant ainsi de nouvelles matières premières. Tout cela a mis les médecins dans une position très difficile et ils ont dû se demander s'il était judicieux ou non d'encourager l'autophagie.

Plusieurs études ont ensuite examiné l'impact de certains facteurs qui stimulent l'autophagie sur le traitement du cancer ou sur l'évolution de la maladie. Une équipe de scientifiques a ainsi découvert que des substances contenues dans le thé vert se sont avérées favoriser l'autophagie, qui entraîne la mort des cellules tumorales. D'autres chercheurs ont étudié l'efficacité du jeûne sur les tumeurs et ont découvert que le jeûne intermittent peut effectivement soutenir la chimiothérapie et aider à protéger les cellules encore saines, car le recyclage des déchets permet aux cellules saines de se débarrasser de leurs déchets et d'en tirer une nouvelle énergie qui les aide à lutter contre les cellules tumorales. En outre, les cellules semblent mieux tolérer la chimiothérapie lorsque les patients ont arrêté de manger quelques heures avant le traitement et ne se sont réalimentés que quelques heures après.

L'autophagie peut donc non seulement aider à prévenir le cancer, mais elle permet également aux médecins d'essayer de nouvelles options de traitement qui pourraient peut-être empêcher la progression d'une tumeur agressive non opérable.

Il est certain qu'aucun d'entre vous n'aime penser à ce à quoi il ressemblera dans vingt ou trente ans et à ce que le processus de vieillissement aura fait de lui d'ici là. C'est compréhensible, car personne n'aime imaginer comment il vivra avec des rides, de l'arthrose et toutes sortes d'autres maladies liées à l'âge. Mais là encore, le scientifique japonais Yoshinori Ösumi vous a permis d'échapper un peu à ce processus grâce à la découverte de l'autophagie. En effet, si vous stimulez votre métabolisme autophagique, vos cellules peuvent se débarrasser plus rapidement des déchets et construire de nouveaux organites cellulaires à partir des matières premières recyclées.

Maintenant que les scientifiques ont découvert que le processus d'autophagie dans les cellules diminue avec l'âge, vous pouvez en déduire que vous pouvez retarder votre vieillissement en stimulant l'autophagie de vos cellules et en veillant à ce que les déchets continuent à être rapidement éliminés. Vous pouvez donc non seulement prévenir la démence ou le cancer, mais aussi prolonger votre vie de quelques années.

# DIABÈTE

Vous avez certainement déjà entendu parler de nombreux risques liés au diabète et vous savez peut-être aussi que, dans cette maladie, le pancréas ne produit pas suffisamment d'insuline, ce qui entraîne un taux de glycémie élevé. Les patients atteints de diabète doivent donc mesurer régulièrement leur taux de glycémie et s'injecter de l'insuline si ce taux est trop élevé.

Mais pour lutter contre le diabète de type 2 en particulier, l'autophagie revêt à nouveau une importance particulière. Grâce à plusieurs recherches, les scientifiques ont découvert que l'autophagie protège les cellules bêta du pancréas qui sont responsables de la production d'insuline. Cependant, si l'autophagie est absente ou ne fonctionne pas complètement, ces cellules bêta peuvent être endommagées et même cesser de produire de l'insuline, provoquant ainsi le diabète. En activant le métabolisme cellulaire, vous pouvez donc à la fois prévenir le diabète et inverser le diabète de type 2 lui-même, ce qui ne serait pas possible uniquement par des régimes, comme ceux souvent recommandés pour les maladies diabétiques.

L'autophagie, ou plutôt la disparition de l'autophagie dans le cerveau, a un effet quelque peu surprenant pour les scientifiques. Des chercheurs de la Charité et du Leibniz-Forschungsinstitut für Molekulare Pharmakologie (FMP) ont étudié l'autophagie de manière intensive et sont parvenus à la conclusion que dans les cellules où l'autophagie et donc le processus de recyclage ont été arrêtés par une astuce génétique, on ne trouve pas plus de déchets cellulaires et de protéines inutilisables que prévu, mais une quantité accrue de réticulum endoplasmique. Outre sa fonction de courrier cellulaire, comme vous l'avez appris plus tôt, ce dernier est également responsable du stockage du calcium dans les cellules. Plus de réticulum endoplasmique entraîne donc plus de calcium dans les cellules, ce qui libère plus de neurotransmetteurs et expose les cellules nerveuses à une énorme surexcitation.

Étant donné que l'autophagie joue un rôle central dans la préservation des cellules et qu'elle permet d'éliminer rapidement les molécules endommagées, incorrectes ou étrangères, elle est particulièrement importante dans le cerveau et pour les cellules nerveuses. Les cellules nerveuses ne peuvent pas être entièrement renouvelées, contrairement à de nombreuses autres cellules du corps. Elles vous accompagnent toute votre vie et si un nerf se rompt, il ne peut être réparé que par une opération. Cela montre à quel point il est important que les cellules nerveuses soient préservées et ne soient pas détruites par des organites incorrects ou endommagés. En outre, l'autophagie empêche également l'accumulation d'un trop grand nombre de protéines dans les cellules nerveuses et leur agglutination, comme c'est le cas dans les maladies neuro-dégénératives. Mais les scientifiques pensent que cet effet protecteur pourrait avoir des causes totalement différentes. Au FMP, ils ont en effet fait une découverte étonnante en effectuant des recherches sur de jeunes souris en bonne santé :

Pour étudier l'effet de l'autophagie, les scientifiques ont utilisé une astuce génétique pour désactiver l'autophagie dans les cellules nerveuses du cerveau et ont ensuite examiné en détail le contenu en protéines de ces cellules. Ils se sont aperçus que les protéines dont ils étaient certains qu'elles étaient dégradées par l'autophagie ne s'accumulaient pas du tout dans les cellules, comme on aurait pu s'y attendre autrement. Au lieu de cela, ils ont trouvé quelque chose d'encore plus surprenant dans les cellules modifiées, car ils ont trouvé une quantité accrue de réticulum endoplasmique, qui sert de réservoir de calcium dans toutes les cellules et régule la transmission de l'excitation dans les cellules nerveuses. Or, c'est précisément cet important réservoir de calcium qui a été endommagé dans les cellules modifiées et les chercheurs ont pu démontrer que la fonction de tampon de calcium du réticulum endoplasmique ne fonctionnait plus correctement. Il n'était donc plus entièrement capable d'absorber le calcium libre et il restait donc plus de calcium libre dans la cellule nerveuse.

Cela conduit à une hyperactivité des cellules, les neurotransmetteurs sont envoyés en permanence et elles sont en fait constamment excitées. Si l'autophagie avait encore fonctionné dans ces cellules, le réticulum endoplasmique endommagé aurait probablement été rapidement renouvelé et les cellules n'auraient pas été endommagées. Cependant, en cas de défaillance fonctionnelle de ce type, le réticulum endoplasmique qui ne fonctionne plus correctement reste et inonde la cellule de transmetteurs.

Jusqu'à présent, les chercheurs pensaient que moins d'autophagie signifiait moins de transmetteurs libérés par les déchets cellulaires et les organelles endommagés, et ils ont donc été totalement surpris par le résultat de l'étude. Mais ils savent maintenant qu'en cas de manque d'autophagie, il y a beaucoup plus de neurotransmetteurs et que les cellules sont donc moins malléables et meurent en outre d'une surexcitation. Cela pourrait entraîner une augmentation du taux de mortalité des cellules dans les zones du cerveau concernées, et peut-être même une perte de fonction.

Les scientifiques n'ont pas encore beaucoup d'informations sur les conséquences médicales exactes de cette découverte, ni sur son implication dans des maladies telles que la maladie d'Alzheimer ou la démence. Mais l'intérêt des chercheurs et des médecins a été éveillé par cette nouvelle découverte et ils sont certains qu'elle aura à l'avenir un impact important sur le traitement des maladies dégénératives du système nerveux.

## PERTE MUSCULAIRE ET OSTÉO-POROSE

Pour terminer sur les applications médicales de l'autophagie, voici un article sur la perte musculaire et l'ostéoporose, qui surviennent principalement chez les personnes âgées, mais qui peuvent également être provoquées par une maladie à un jeune âge. Les chercheurs ont découvert que l'autophagie joue un rôle important dans la progression et le traitement de ces deux maladies, car elle permet au corps de recycler les produits anciens ou inutiles et de décomposer des cellules entières. Les substances ainsi produites peuvent ensuite être utilisées pour fabriquer de nouvelles cellules et de nouveaux composants cellulaires, et une cellule défectueuse ou infectée ne peut pas contaminer d'autres cellules.

Cela permet de conserver une masse musculaire et osseuse plus saine et de retarder, voire d'arrêter, l'ostéoporose et la perte de masse musculaire. Il est toutefois important de noter que le jeûne et le déficit calorique, qui entraînent une activation de l'autophagie, peuvent également priver le corps de nutriments essentiels tels que les protéines et le calcium, ce qui aggrave ces deux problèmes. Par conséquent, lorsque vous jeûnez ou que vous souffrez d'un déficit calorique, veillez à fournir à votre corps suffisamment de nutriments et à ne pas supprimer complètement les aliments de base essentiels de votre alimentation.

# Faites-le vous-même

## COMMENT STIMULER L'AUTO-PHAGIE

Mais après toutes ces informations passionnantes, passons maintenant à la partie où vous pouvez agir vous-même. Vous voulez soutenir vos cellules, ralentir votre processus de vieillissement et prendre soin de votre santé ? Alors lisez attentivement ce qui suit et notez bien les conseils. Et ne vous inquiétez pas, aider vos cellules à devenir autophages n'est pas un art et il n'y a que des points qui vous incitent à essayer.

Commençons par un bref rappel des moments où l'autophagie est particulièrement active : Dans toutes vos cellules, des processus autophagiques ont lieu à tout moment. Au quotidien, leur activité est plutôt faible et négligeable. Les cellules ne font que ce qui est nécessaire et sont plus enclines à absorber de nouvelles ressources de l'environnement.

Mais certains facteurs peuvent faire stagner l'autophagie d'une certaine manière. Outre les situations de stress et les dommages cellulaires irréparables qui entraînent la mort des cellules, il s'agit également du manque de nutriments. En particulier, lorsque les acides aminés manquent, la cellule commence à recycler davantage ses propres déchets et à rejeter les organelles inutiles. Cependant, si l'environnement contient suffisamment d'acides aminés et d'autres nutriments, la cellule ne doit pas nécessairement puiser dans ses propres réserves et peut également absorber de nouvelles substances de l'environnement. Et c'est à ce moment précis que vous pouvez agir et aider vos cellules à s'autophagiser des déchets. Mais disons-le tout de suite : vous n'avez pas besoin d'arrêter de manger et de vous affamer pendant des jours pour obtenir un effet. Lisez d'abord ce qui suit pour découvrir les petits changements que vous pouvez apporter dès aujourd'hui.

# LE JEÛNE

Vous avez certainement déjà entendu parler du fameux jeûne par intervalles et vous l'avez peut-être même essayé vous-même. Si ce n'est pas le cas, voici une brève explication : le jeûne par intervalles consiste, comme son nom l'indique, à jeûner pendant une période donnée et à manger le reste du temps. La variante la plus connue est probablement la méthode 16/8, dans laquelle vous jeûnez 16 heures par jour et mangez pendant 8 heures. Il est toutefois important de noter que vous ne devez pas manger pendant les huit heures, mais répartir vos repas sur cette période. De cette manière, vous mangez souvent moins et le corps a suffisamment de temps pendant les 16 heures suivantes pour digérer les aliments et absorber le plus de nutriments possible.

En outre, vous pouvez utiliser les déchets de votre propre corps, car votre corps a toujours besoin de nutriments pendant les 16 heures de jeûne.

Si vous vous privez de nourriture pendant une longue période, votre taux d'insuline reste à un niveau bas et constant et votre corps reçoit le signal qu'il n'a pas reçu suffisamment d'énergie de l'extérieur. Votre corps doit donc trouver l'énergie dont il a besoin par d'autres moyens et commence à puiser dans ses propres réserves d'énergie. Une fois que les capacités énergétiques des cellules adipeuses sont épuisées, votre corps cherche d'autres sources d'énergie et commence à décomposer les structures cellulaires endommagées et anciennes, ce qui vous ramène à l'autophagie. Inversement, si vous mangez trop souvent, ce processus est inhibé et c'est l'inverse qui se produit : votre corps absorbe tellement d'énergie qu'il ne sait pas quoi en faire et commence à constituer des réserves de graisse en prévision des périodes difficiles.

En résumé, le jeûne et la réduction des calories ont pour effet de stimuler le métabolisme cellulaire et de permettre aux cellules de recycler les déchets cellulaires par autophagie. Mais il est très important de ne pas jeûner de manière excessive ou de créer un déficit calorique énorme, car le corps a besoin de nutriments et d'énergie extérieurs et de nombreux produits ne peuvent pas être fabriqués par le corps lui-même. Et vous ne voulez certainement pas que l'autophagie transforme vos cellules en petits phagocytes qui se jettent sur tout ce qui se trouve sur leur chemin. Bien qu'une autophagie stimulée soutienne votre système immunitaire, ce dernier peut également souffrir d'un manque de vitamines et de nutriments essentiels que vous ne pouvez obtenir que par l'alimentation.

## SPORT

Une autre façon de soutenir votre propre processus de recyclage cellulaire est - comment pourrait-il en être autrement - le sport. Si vous vous replongez quelques millénaires en arrière et que vous pensez à la façon dont les gens vivaient à l'âge de pierre, vous remarquerez peut-être qu'il n'y avait pas de gymnases, de clubs sportifs ou autres et que le sport n'était pas nécessairement un passe-temps, mais plutôt la clé de la survie. A l'époque, ceux qui ne pouvaient pas courir vite ou qui n'avaient pas assez de force face à un agresseur étaient souvent perdants, par exemple dans une course contre un tigre à dents de sabre ou dans une bataille pour la nourriture. Pour le corps, le sport et l'effort physique étaient donc bien plus une situation de stress et le corps envoyait des signaux aux cellules pour mobiliser de l'énergie supplémentaire à partir du stock de graisse. En conséquence, les cellules ont également été incitées à utiliser davantage leurs propres déchets pour obtenir de l'énergie et des nutriments.

Maintenant, bien sûr, vous n'avez pas besoin de vous retrouver dans une situation similaire et de courir devant un ours ou un tigre pour obtenir le même effet. Une étude menée sur des souris a montré qu'un exercice d'endurance régulier suffit à maintenir l'autophagie active. Dans cette étude, deux groupes de souris ont été nourris avec des aliments hautement caloriques et riches en graisses pendant 13 semaines. Le premier groupe a été autorisé à rester paresseux pendant cette période et n'a pratiquement pas bougé, tandis que le second groupe a été régulièrement envoyé sur un tapis roulant et amené à faire de l'exercice. A l'issue de cette période, les souris ont été examinées et les chercheurs ont constaté que les souris du groupe 1 avaient pris beaucoup de poids et que leurs valeurs sanguines s'étaient également détériorées. Dans le groupe deux, cependant, ni le poids ni les valeurs sanguines n'ont changé négativement et l'autophagie est restée à un niveau élevé. Alors, la prochaine fois que vous déciderez de faire du sport, pensez que non seulement vous libérerez des hormones du bonheur et vous vous sentirez plus en forme et mieux, mais que vous pourrez également prendre un peu d'avance sur le processus de vieillissement et que vos cellules pourront se débarrasser de tout ce poids.

# SIRTFOOD

Vous vous demandez probablement tout de suite ce que c'est et comment cela peut être quelque chose que vous intégrez activement dans votre quotidien. Mais derrière ce terme complexe se cache en fait quelque chose de très simple : les Sirtfood sont en effet des aliments spécifiques qui, grâce à certains ingrédients, peuvent influencer votre processus métabolique et de vieillissement. Mais avant que vous ne pensiez que vous devez modifier votre régime alimentaire et que les sirtfoods ne sont que des légumes, voici une liste de quelques aliments qui font partie des sirtfoods : Outre certains fruits et légumes tels que les fraises, les piments, les oignons, le chou vert et les myrtilles, les noix, le sarrasin, le chocolat contenant au moins 80% de cacao et même le café et le vin rouge en font partie. Vous n'avez donc pas besoin de changer tant que ça votre alimentation et vous apprécierez encore plus votre prochain verre de vin rouge ou votre prochain carré de chocolat si vous vous rappelez que vous faites même du bien à votre corps. Mais attention ! L'excès de vin rouge ou de chocolat a plutôt un effet négatif et réduit l'activité de vos cellules.

Ces aliments contiennent tous des activateurs de sirtuine qui peuvent stimuler votre métabolisme et qui, associés à un déficit calorique, contribuent de manière optimale à l'activation de vos autophages. Mais là encore, il faut savoir que beaucoup ne fait pas toujours beaucoup. N'en faites pas trop et, surtout, ne changez pas trop de choses à la fois. Pour votre corps, ce sera probablement un grand changement et il devrait avoir la possibilité de s'habituer à toutes ces étapes avec le temps. Vous obtiendrez ainsi un résultat optimal et vous tiendrez longtemps. Si vous changez tout du jour au lendemain, il est probable qu'au bout de quelques semaines, vous n'aurez plus la force de continuer et que vous abandonnerez. Suivez donc le plan hebdomadaire que vous trouverez plus loin et réfléchissez à la manière dont vous pouvez l'appliquer dans votre vie quotidienne.

## ALIMENTATION

En plus du Sirtfood, il existe d'autres aliments qui peuvent soutenir votre métabolisme et que vous pouvez intégrer sans problème dans votre quotidien, car les noix, les champignons, les pommes, les poires et le café noir stimulent également l'autophagie. Cependant, en ce qui concerne le café, vous devez vous assurer que cela ne s'applique qu'au café noir. Le lait contient en effet des protéines et ce nutriment inhibe l'activité de recyclage des cellules.

Voici un autre focus sur quelques aliments :

Dans le cas du **café, ce n'**est pas nécessairement la caféine qui stimule l'autophagie dans les cellules, mais les chercheurs pensent plutôt que ce sont certains antioxydants qui créent cet avantage. Pour obtenir l'effet activateur, il n'est pas non plus nécessaire de jeûner, mais vous pouvez commencer par prendre une tasse de café de temps en temps dans votre vie quotidienne normale, si vous ne voulez pas commencer le jeûne tout de suite. Et avant que la caféine ne vous empêche de dormir, vous pouvez aussi boire du café décaféiné, car comme vous venez de le lire, l'effet activant n'est pas dû à la caféine, mais bien plus à certains antioxydants.

**L'huile d'olive a** également un effet d'activation du métabolisme et un potentiel anticancéreux avéré, probablement dû à son principal antioxydant, l'oleuropéine. Une preuve surprenante de cet effet a été apportée par un village du sud de l'Italie, où plus de 300 personnes sont devenues centenaires et où de nombreuses personnes âgées ne présentaient pratiquement pas de maladies telles que la démence ou les accidents vasculaires cérébraux. Pourquoi ne pas intégrer un peu plus de cuisine méditerranéenne dans votre alimentation et soutenir vos cellules avec un peu d'huile d'olive ?

**Le curcuma est** désormais présent dans la cuisine européenne et, outre sa couleur jaune vif, il contient également de la curcumine, une substance importante pour activer vos cellules. Si vous combinez le curcuma avec du poivre noir lorsque vous cuisinez, vous obtiendrez un effet encore meilleur et vous pourrez même absorber 20 fois plus de curcumine. Alors, quoi de mieux qu'un curry bien épicé avec une touche de poivre noir et de curcuma ?

## SPERMIDINE

La dernière possibilité d'activer vos autophages est la molécule spermidine, qui a d'abord été découverte dans le sperme humain et qui, des années plus tard, a été retrouvée dans toutes les autres cellules du corps. Cette molécule a la propriété de ralentir le processus de vieillissement en augmentant la quantité de protéines dans les cellules. Cependant, sa concentration diminue progressivement avec l'âge, c'est pourquoi il est conseillé de fournir à l'organisme un supplément de spermidine en vieillissant, par le biais d'aliments tels que les légumineuses, les champignons, les germes de blé ou les fromages affinés. Il est toutefois généralement déconseillé de recourir à des compléments alimentaires, mais il est recommandé d'absorber la spermidine par des voies naturelles.

Une étude portant sur la concentration de spermidine dans le sang en fonction de l'âge a révélé que la concentration, qui est encore élevée entre 31 et 56 ans, diminue considérablement entre 60 et 80 ans. En revanche, dans le groupe d'étude âgé de 90 à 106 ans, la concentration était à nouveau élevée et dépassait même celle des sujets âgés de 31 à 51 ans. L'étude suggère donc que les rares personnes qui atteignent un tel âge le font dans le contexte d'une concentration élevée de spermidine et d'une forte activité de l'autophagie.

# Le chemin vers l'objectif

Dans les dernières pages, vous avez appris beaucoup de choses sur la façon dont vous pouvez activer le recyclage dans vos cellules et vous êtes probablement assis sur le bord de votre chaise, prêt à commencer. Mais prenez d'abord du recul et réfléchissez à ce que vous avez retenu et à ce que vous pouvez et voulez mettre en œuvre dans votre vie quotidienne. Il ne sert à rien de remplir votre liste de choses à faire jusqu'au sommet et de chambouler complètement votre vie. Allez-y plutôt étape par étape et travaillez un point à la fois.

# 1. PLANIFIER

Avant de vous lancer dans une mise en œuvre précise, faites un plan et réfléchissez à ce que vous faites déjà inconsciemment dans votre vie quotidienne et qui active les gènes de l'automobile. Vous trouverez certainement l'un ou l'autre aliment dans votre cuisine et le point "sport" apparaîtra certainement une fois ou l'autre dans votre quotidien. Ensuite, prenez conscience des améliorations qu'un tel changement peut vous apporter et de la facilité avec laquelle vous pouvez les obtenir. Envisagez également de vous lancer dans le "projet autophagie" avec quelqu'un d'autre, afin de vous soutenir mutuellement et de faire du sport ou de la cuisine ensemble. A deux ou en petit groupe, un tel changement est toujours un peu plus facile et vous pouvez ainsi également échanger vos expériences.

Enfin, vous devriez également vous demander si vous avez des problèmes de santé dont vous devriez tenir compte sur l'un ou l'autre point. Par exemple, tous les corps ne sont pas adaptés au jeûne et vous devez bien sûr tenir compte des éventuelles intolérances.

Une fois que vous avez clarifié tous ces points, vous pouvez commencer et vous lancer dans la première partie.

# 2ÈME DÉPART

Les premières semaines devraient vous permettre de vous orienter et de trouver ce qui vous convient le mieux dans votre vie quotidienne. Vous n'êtes pas à court de temps et même dans quelques semaines, vous pourrez commencer à avoir un impact sur votre corps. Mais prenez un peu plus de temps au début pour établir un vrai plan et vérifier ce qui vous convient le mieux. Ainsi, la phase active sera beaucoup plus fluide et vous saurez à quoi vous en tenir.

Dans un premier temps, vous pouvez continuer à faire les choses que vous aviez déjà intégrées inconsciemment dans votre quotidien et les planifier plus consciemment dans votre journée. Lorsque vous vous sentez prêt, vous pouvez également commencer à jeûner par intervalles. Si vous avez déjà de l'expérience dans ce domaine, vous pouvez bien sûr commencer tout de suite, mais si tout cela est encore nouveau pour vous, vous devriez vous approcher petit à petit d'intervalles plus importants. Nous vous recommandons de commencer par un intervalle de 12/12, que vous pourrez ensuite augmenter progressivement. Comme vous devez également gérer votre vie quotidienne, vous ne devez pas exposer votre corps à trop de situations nouvelles et épuisantes à la fois. Vous avez suffisamment de temps et ce n'est pas un problème si vous ne progressez pas comme vous le souhaiteriez pendant quelques semaines. Les choses finissent toujours par se passer autrement que prévu.

Au cours des premières semaines, il est donc également bon que vous notiez un peu ce que vous avez changé et comment cela a affecté votre journée et votre état d'esprit. Le changement vous a-t-il semblé bon ou mauvais ? Avez-vous ressenti un changement ? Est-ce que cela fonctionne même dans les moments où vous êtes plus stressé ? Le plus important à ce stade est de ne pas vous emballer et d'écouter votre corps, car il vous dira certainement ce qu'il pense de tout cela. Si vous remarquez que quelque chose ne vous convient pas, ne serrez pas les dents et ne luttez pas, mais changez un peu votre plan et continuez sur une nouvelle voie. Si vous n'avez pas eu beaucoup à faire avec les points d'activation de l'autophagie auparavant, il peut être bon de choisir un domaine spécifique pour commencer et de commencer soit par le jeûne, soit par le déficit calorique, soit par le sport, soit par le changement de régime alimentaire. Bien sûr, tous les points vont ensemble, mais de la même manière que trop de cuisiniers salent la bouillie, vous n'obtiendrez pas de bons résultats à long terme si vous faites tout en même temps.

## 3. NE PAS ABANDONNER

Comme pour toute chose, il y aura des moments où vous aurez envie de tout laisser tomber et d'abandonner le projet. C'est précisément dans ces moments-là que vous devez vous rappeler exactement pourquoi vous faites tout cela. Pour vous aider un peu, vous pouvez aussi noter ces points et les afficher quelque part dans votre appartement, où vous pourrez les lire et les relire. N'oubliez pas non plus qu'il arrive à tout le monde d'avoir une mauvaise journée et que les choses ne se passent pas comme prévu. Si vous avez une telle journée, il est juste important que vous retrouviez une routine dans les jours qui suivent. Ce n'est pas un problème si vous sautez le sport, si le jeûne ne fonctionne pas comme vous le souhaitez ou si vous avez un "cheat day", c'est même une bonne chose si vous vous récompensez avec un bon repas ou si vous ne suivez pas entièrement le plan, car vous aurez plus de plaisir à le suivre par la suite et il sera plus facile de s'y tenir.

Il ne faut pas que vous vous mettiez à jeter votre plan d'activation de l'autophagie par-dessus bord et que vous oubliiez tout ce que vous avez appris. En effet, plus vous suivez le plan, plus il est facile pour les cellules de maintenir une activité métabolique élevée en permanence. Cependant, si vous changez constamment de régime et que vous n'avez pas une bonne structure, vos cellules seront également un peu débordées et vous n'obtiendrez pas le résultat souhaité. Retenez donc que les cheat days ne sont pas un problème et que vous pouvez parfois négliger votre plan. Il est normal que vous perdiez l'envie de temps en temps et que vous ayez besoin d'un peu de changement, mais revenez toujours à votre objectif principal et aidez ainsi vos cellules à se débarrasser de tous les déchets.

# 4. IMPATIENCE

Avec tout le changement que vous venez de vivre, vous vous attendez ou espérez probablement ressentir bientôt un changement significatif. Mais ici, vous devez vous rappeler quels sont vos objectifs. Vous voulez lutter contre le vieillissement en débarrassant vos cellules des produits inutiles et vous voulez également soutenir votre système immunitaire et prévenir les maladies liées à l'âge.

Ce sont autant de points dont vous ne prenez conscience qu'avec le temps, voire pas du tout. Après tout, vous ne savez pas ce qu'il en aurait été sans votre nouveau mode de vie. Peut-être auriez-vous été beaucoup plus souvent malade au cours des derniers mois, peut-être auriez-vous été diagnostiqué dément dans votre vieillesse ou seriez mort quelques années plus tôt. Malheureusement, vous ne pouvez pas le savoir. Peut-être que vous vous seriez aussi bien porté avec votre ancien mode de vie que vous le faites aujourd'hui. Mais si vous êtes l'un des rares à ne pas tomber malade en période de rhume ou si, à 60 ans, vous êtes toujours nettement plus en forme que vos amis et collègues du même âge, vous pouvez être sûr que ce changement y a contribué. Et avant d'être déçu de ne pas voir d'effet direct, continuez à lire.

En faisant du sport régulièrement, vous vous sentirez mieux en général, vous serez plus enjoué et plus performant. De plus, le sport vous permet de vous muscler, de brûler des graisses, de libérer des hormones du bonheur et de prévenir la dépression. Vous supportez mieux les périodes de stress au travail ou dans la vie quotidienne et vous gérez mieux les problèmes. En outre, vous vous améliorez chaque fois que vous faites du sport et vous êtes capable de faire de plus en plus de choses. N'est-ce pas formidable de pouvoir courir sur des distances dont vous n'auriez jamais rêvé il y a un an ?

Si vous ajoutez un déficit calorique à votre programme, c'est-à-dire si vous consommez plus de calories que vous n'en ingérez, vous perdrez des kilos en trop et votre corps sera en meilleure santé. Mais là encore, veillez à respecter la bonne mesure et à ne pas exagérer ! Une perte de poids trop rapide n'est pas saine et vous ne devez pas non plus perdre trop de poids. Si vous avez déjà un poids sain avec lequel vous vous sentez bien, il vaut mieux vous y tenir et rayer ce point de votre liste. Le corps a également besoin de beaucoup d'énergie et de nutriments pour se muscler, ce dont vous le priveriez si vous ne vous nourrissiez pas correctement. Si votre corps ne reçoit pas ces nutriments de l'extérieur, il commencera lui-même à dégrader les muscles peu utilisés, ce qui est l'inverse de ce que vous voulez obtenir. Il est donc important de savoir qu'un déficit calorique est acceptable s'il ne nuit pas à votre santé et à votre corps et si vous ne vous privez pas de trop de choses à la fois !

Un autre point que vous remarquerez rapidement est que vous êtes plus équilibré et que vous menez une vie généralement plus satisfaisante. Vous n'êtes pas si facilement dérangé et, comme votre corps va mieux, vous allez mieux et votre esprit aussi. C'est fou ce qu'un changement de peu de choses peut avoir comme effets positifs, non ?

## 5. PRUDENCE

Dans le texte précédent, vous avez déjà rencontré à plusieurs reprises de petits avertissements, qui sont brièvement résumés ci-dessous.

**Changement :** c'est formidable de vouloir changer quelque chose dans votre vie et de faire plus pour votre santé, mais n'oubliez pas que votre corps a besoin de temps et qu'il ne s'adapte à tout que progressivement. Procédez plutôt par étapes et ne faites pas tout d'un coup. Cela vous permettra en effet de suivre la réaction de votre corps à chaque étape et de savoir si vous le supportez bien ou non.

**Jeûne :** avant de commencer, il est important de déterminer dans quelle mesure cela est possible avec votre vie quotidienne et votre travail. Si vous avez un travail physiquement exigeant et que vous avez besoin de beaucoup d'énergie dès le début, la méthode 16/8 n'est peut-être pas faite pour vous. Vous pouvez aussi commencer par choisir des jours où vous essaierez différentes méthodes et voir ensuite laquelle vous convient le mieux.

**Déficit calorique : il est particulièrement important de ne** pas exagérer. Votre corps a besoin de beaucoup d'énergie tout au long de la journée pour fonctionner normalement, et si vous faites plus de sport, vos besoins caloriques augmenteront encore. Avant de commencer à vous priver, il est donc important que vous sachiez de combien d'énergie vous avez besoin par jour. Si vous avez déjà un poids sain, ne le réduisez pas davantage, mais essayez plutôt de vous muscler. Pour cela aussi, le corps a besoin de beaucoup d'énergie et de nutriments importants comme les protéines, qu'il peut obtenir par l'alimentation. Si vous n'êtes pas sûr de vous, demandez à votre médecin traitant ce qu'il en pense et ce qu'il vous recommande.

**Impatience :** vous voulez bien sûr être récompensé pour votre changement et votre renoncement dès que possible, mais ne soyez pas trop impatient et soyez attentif aux petits changements positifs. De nombreux succès ne seront malheureusement pas directement visibles pour vous et se produiront plutôt inconsciemment, mais soyez sûr que votre décision était la bonne et que vous faites ainsi du bien à votre corps et à votre santé et que vous prévenez même des maladies liées à l'âge. Donnez du temps à votre corps, une graine a besoin de plusieurs années pour devenir un arbre fruitier.

# 6. QU'ATTENDEZ-VOUS ?

Maintenant que vous avez appris beaucoup de choses et que vous savez comment aider vos cellules à maintenir le processus de recyclage plus longtemps, rien ne vous empêche d'être en meilleure santé et peut-être même de vivre plus longtemps. Vous disposez de toutes les informations nécessaires et il ne vous reste plus qu'à les mettre en pratique. Commencez dès maintenant à chercher des recettes adaptées, à planifier votre prochaine séance de sport ou à trouver un club près de chez vous où vous pourrez faire de l'exercice en groupe de temps en temps.

Très vite, vous vous rendrez compte que ce changement n'est pas si important que cela et vous l'intégrerez comme un automatisme dans votre journée. Au bout de quelques mois, vous ne pourrez peut-être plus vous imaginer comment c'était avant et vous serez heureux d'avoir découvert ce livre et de ne pas vous être arrêté de lire à la première page lorsqu'il était question de biologie, d'école et de cellules. Faites quelque chose pour votre santé et celle des autres et pourquoi ne pas briller par vos connaissances lors de la prochaine fête de famille ou de la prochaine réunion avec des amis et encourager votre entourage à se joindre au club d'autophagie ?

# Autophagie vs. pandémie

Enfin, dans le dernier chapitre, vous pourrez en apprendre davantage sur l'utilité d'une autophagie cellulaire plus active contre le coronavirus, car même dans la situation actuelle où le monde est en pleine pandémie, l'importance étudiée des coronavirus sur l'autophagie dans les cellules ouvre une nouvelle possibilité de traitement. Dans leur recherche de médicaments potentiels contre une forte symptomatologie d'une infection, des chercheurs de Berlin et de Bonn ont étudié ensemble l'effet des cellules virales sur les cellules du corps et la façon dont elles reprogramment le métabolisme des cellules pour les aider à se propager davantage dans le corps. Grâce à ces recherches, ils ont découvert que le SRAS-CoV-2 pouvait ralentir, voire interrompre complètement le mécanisme de recyclage des cellules en perturbant l'autophagie. Or, comme vous le savez déjà, c'est précisément l'autophagie qui est importante pour permettre aux cellules de se débarrasser des déchets et des intrus cellulaires et de produire de nouvelles substances.

Dans une étude, les scientifiques ont découvert que le virus utilisait les organismes et les structures cellulaires et qu'il manipulait même le métabolisme en faisant croire à la cellule qu'il y avait suffisamment de nourriture. Ainsi, la cellule n'a pas besoin d'entamer le processus d'autophagie et de recycler ses propres produits en nouvelles substances utilisables. Les coronavirus peuvent ainsi échapper à la dégradation autophagique et survivre plus longtemps dans l'hôte.

Grâce à ces recherches, les médecins et les scientifiques ont peut-être trouvé un nouveau point de départ pour un traitement. Suite à leurs découvertes sur le lien entre les coronavirus et l'autophagie, ils ont étudié certains agents qui ont démontré leur capacité à stimuler l'autophagie, dans l'espoir d'obtenir un effet positif et d'endiguer le virus.

Ils ont effectivement trouvé quatre substances qui se sont avérées efficaces contre le coronavirus et qui sont toutes déjà sur le marché et utilisées dans d'autres domaines de la médecine. Outre la spermine et la spermidine, dont vous avez déjà entendu parler, un médicament contre le cancer et même le ténia niclosamide ont montré une efficacité certaine. C'est en fait le ténia qui a eu le plus d'effet et qui a permis de réduire de plus de 99% la production de nouveaux coronavirus dans les cellules. Pour les médecins, cette découverte est un grand succès car, étant donné que le niclosamide est déjà autorisé et que ses effets secondaires et ses éventuelles conséquences à long terme ont déjà été étudiés de manière approfondie et que le dosage toléré est connu, ce médicament pourra bientôt être prescrit contre les coronavirus et aider à endiguer ou même à prévenir une évolution grave de la maladie.

Dans le cadre d'un essai clinique, des scientifiques à Berlin étudient maintenant de plus près dans quelle mesure le niclosamide a des effets positifs sur les patients. Jusqu'à présent, l'efficacité n'a été démontrée qu'en laboratoire et il s'agit à présent de trouver suffisamment de volontaires pour que l'on puisse espérer démontrer un effet positif chez les patients. Une étude de phase 2, appelée NICCAM, est en cours pour déterminer si le niclosamide, administré en association avec le camostat, est efficace contre les coronavirus et, au moins aussi important, si les patients le tolèrent bien. Malheureusement, il faudra encore attendre un peu avant que les résultats de l'étude soient évalués et que les médicaments puissent être utilisés dans cette combinaison contre le coronavirus. Mais heureusement, d'autres médicaments ont également montré leur efficacité.

En laboratoire, il a été démontré que les cellules produisaient 85% de particules virales en moins avec la spermidine, et encore plus avec la spermine, avec une réduction de 90%. Ce résultat est merveilleux, car la spermine et la spermidine sont des substances endogènes que les cellules peuvent produire elles-mêmes et qui peuvent être apportées en complément par certains aliments. Cela promet donc une grande tolérance et l'approbation de tels médicaments devrait également être beaucoup plus rapide. Un problème se pose toutefois, car en laboratoire, les chercheurs ont utilisé les deux substances sous forme de substance pure, qui ne convient pas en tant que telle à la prise de médicaments. Cependant, la spermidine, en particulier, n'a été efficace qu'à une concentration très élevée, qui ne peut pas être atteinte uniquement par un régime alimentaire spécial. De nombreuses questions restent donc sans réponse pour ces substances actives et les scientifiques ont encore un long chemin à parcourir avant que la spermine et la spermidine puissent effectivement être utilisées comme antidotes.

La dernière substance mentionnée, un médicament anticancéreux, n'a jusqu'à présent été testée qu'en laboratoire, tant pour son action contre le cancer que pour son action contre la maladie de Corona. Une autorisation de mise sur le marché dans un avenir proche peut donc être exclue dès le départ. Dans une étude menée à la Charité de Berlin, les médecins ont cependant déjà pu démontrer que le médicament anticancéreux MK-2206 réduit la production de virus d'environ 90% et qu'il est donc efficace contre ce virus. Mais il reste encore à tester quels sont les effets secondaires possibles du médicament sur les patients et à quelle dose tel ou tel effet peut être obtenu. Il y a donc une lumière au bout du tunnel, mais le chemin sera encore long et difficile pour y parvenir.

# En bref

Vous avez maintenant appris beaucoup de choses nouvelles et vous aurez peut-être besoin de relire certaines
d'entre elles. Vous avez appris comment les cellules
sont construites et quels sont les composants essentiels
à leur survie. Vous connaissez également les possibilités médicales offertes par la recherche sur l'autophagie
et savez que le scientifique japonais Yoshinori Ösumi a
reçu à juste titre le prix Nobel pour ses recherches.
Mieux encore, vous avez même appris à soutenir vos
propres cellules et votre système immunitaire et à planifier le chemin vers une vie plus heureuse et plus
saine. Vous pouvez maintenant commencer à prévenir
les maladies liées à l'âge et vous assurer une vie plus

longue et plus active. Et tout cela parce que les cellules aiment l'ordre et l'autonomie, parce qu'elles préfèrent se débarrasser de leurs déchets immédiatement et ne pas les gaspiller. Ce petit processus d'autophagie, qui vous a probablement semblé abstrait au début et en aucun cas aussi crucial pour votre santé, est un véritable chef-d'œuvre et, grâce à cette découverte, la médecine va encore considérablement changer dans les années et les décennies à venir.

Et peut-être que l'économie mondiale découvrira elle aussi un système de recyclage similaire et commencera à prendre les mesures absolument nécessaires pour améliorer le climat. Si non seulement les plus petites sous-unités de l'être humain - les cellules - étaient aussi attentives à ne pas gaspiller l'énergie et les matières premières et à réparer les erreurs le plus tôt possible afin de ne pas causer davantage de dégâts, mais si l'organisme humain tout entier l'était également, il n'y aurait probablement pas de pénurie de matières premières aujourd'hui, ni de montagnes de déchets qui ne cessent de s'agrandir, ni de sacs en plastique jetables, ni de fruits et légumes sous emballage et bien d'autres choses encore. L'humanité est donc à l'aube d'un grand tournant, non seulement dans le domaine de la médecine et des traitements, mais aussi, espérons-le, dans celui de l'utilisation des matières premières et de la consommation durable des ressources.

Peut-être avez-vous envie, vous aussi, de nettoyer votre corps et vos cellules et de rendre votre environnement plus durable. Non seulement il suffit de quelques petits changements pour obtenir un effet significatif sur vos cellules, mais il est également possible d'obtenir un effet durable au quotidien. En effet, comme pour vos cellules, il est important que de nombreuses unités individuelles agissent ensemble.

Il ne sert à rien qu'une seule cellule devienne plus active, elle doit également inciter de plus en plus de cellules autour d'elle à devenir plus actives et à suivre son exemple. Vous pouvez commencer à utiliser vos propres sacs pour faire vos courses, acheter des fruits et des légumes en vrac, faire plus de vélo et bien d'autres choses encore, et encourager vos amis et votre famille à faire de même. Ainsi, vous motiverez de plus en plus de personnes à le faire et vous obtiendrez ensemble un effet important, même si chacun n'a que peu changé. Pourquoi ne pas en faire un petit jeu au sein de votre famille ou de votre cercle d'amis ? Lequel d'entre vous parvient à laisser sa voiture au garage le plus souvent ? Qui achète le moins de choses emballées lors de ses achats ? Qui réutilise les emballages - si c'est possible, bien sûr - plusieurs fois ? Il y a tant d'idées et c'est beaucoup plus amusant de le faire ensemble que seul. Ne retirez pas seulement quelque chose de ce livre pour vous et votre santé, mais pensez aussi à votre environnement et aux générations qui vous suivront !